Secretos para influencers

Growth Hacks para Twitch

Índice de contenido

Guía completa para crecer potencialmente en Twitch

¿Deseas causar el mejor impacto posible en Twitch?, tras esta plataforma encuentras una gran oportunidad de aumentar tus seguidores con las acciones correctas, necesitas conocer todo tipo de truco para triunfar sobre este medio social que está dando de qué hablar y cada vez son más los que aman este rincón digital

Descubre, ¿Qué es Twitch?

Tras Twitch se encuentra el desarrollo de una plataforma dedicada al streaming, lo cual cada vez está siendo cada vez más tendencia por esa razón necesitas conocer a fondo este servicio para que puedas aprovechar al máximo cada función, por medio de esta guía podrás crear tu cuenta y emitir contenido que sea atractivo.

Desde el 2011 la llegada de Twitch generó buenas sensaciones en el mundo online, de hecho surgió como una plataforma secundaria y su utilidad fue tan elevada que llegó a ser la principal, a tal punto de estar bajo la sombra de Amazon, lo cual es un reflejo de la cantidad de usuarios que alberga esta plataforma de streaming de videojuegos.

La mayoría de los gamers en la actualidad siguen y disfrutan de un canal de Twitch, esto es ideal para disfrutar la retransmisión en directo, admite todo tipo de temática pero la que mayor poder ha adquirido es la de los videojuegos, además los streamers tienen acceso a interactuar en tiempo real con cada uno de los seguidores.

El servicio en líneas generales se parece a YouTube, y esa igualdad se extiende hasta contar con un alto nivel de tráfico, pero se diferencia con ciertas funciones para dar o recibir propinas, a tal punto de convertirse en el mejor servicio de streaming de videojuegos con más de 3,8 millones de canales disponibles.

El uso detrás de Twitch

Para tener acceso a Twitch solo para ver contenido no hace falta registrarse, pero al querer ser streamers si se necesita crear una cuenta, lo que hace importante relacionarse con la categoría de contenidos, a esto se suma la incorporación de etiquetas porque eso ayuda a que la búsqueda en esta plataforma te ubique en una mejor posición.

Los streamings relacionados con las etiquetas acercan a cada seguidor al contenido que emites, estas no son más que palabras en gris que se encuentran debajo de los directos, este tipo de palabras se asocian con las tendencias y si quieres que tu contenido forme parte de las mismas solo debes colocar las etiquetas que corresponden.

Necesitas tomar en cuenta que dentro de la categoría consigues dos secciones extras, justo como lo son vídeos y clips, a través de cada una de estas se encuentra contenido diferido, estas provienen de grabaciones en directos de otros días, la diferencia entre una sección u otra es que los clips son fragmentos de los mejores momentos de una grabación. En Twitch pueden surgir muchos usos y una gran diversidad de contenidos, por ello es un medio original para brindar contenido de primer nivel, a tal punto de encontrarse con contenido por parte del periodismo que ha causado buenas sensaciones sobre la audiencia, es una oportunidad para postular temas interesantes de tu preferencia.

¿De qué depende el crecimiento en Twitch?

Una vez que cuentes con un canal, el principal objetivo es obtener seguidores, además de que cada seguidor podrá contar o recibir notificaciones al publicar nuevo contenido, es importante que puedas alejarte de comentarios de odio y discriminación porque esta es suficiente razón para denunciar al creador del contenido.

Una función a considerar también es la de mensajería para mantener viva la interacción del canal con los usuarios, con la cualidad de lograr añadir amigos para crear alianzas, o conformar una lista de usuarios para conseguir algún contacto interesante, lo esencial es dejar vivo ese lazo social para recibir atención de más usuarios.

La razón por la que los streamings de Twitch ganan popularidad

Al querer triunfar en Twitch pensar en la creación de contenido es una obligación, porque la dinámica es hacer que las personas quieran ver jugando a otros, pero para que exista ese tipo de interés que para muchos suele ser incomprensible, hace falta presentar ideas novedosas para conformar un canal realmente popular.

Las temáticas que mejor han encajado sobre esta plataforma son los que proporcionan demos o versiones anticipadas de juegos que cuentan con una gran audiencia, uno de los ejemplos más claros es el de Call of Duty, donde cada fanático puede obtener detalles que más le interesen e incluso disfrutar con un adelanto.

Para elegir una tendencia existen muchos sitios web que arrojan información sobre los juegos que son ideales para tu canal, con ese tipo de dato solo queda la tarea de estudiar a fondo el tema que deseas presentar, ser streamers es una dedicación para descubrir lo mejor de un juego para publicar un rato divertido e interesante.

Una decisión inicial es definir el tipo de temática que vas a representar en el canal, esto es importante para sacar o exponer tu lado fuerte para recrearlo con cada contenido, buscando en todo momento que sea innovador con el tema sin descuidar el carisma, el papel que juega un streamers es clave.

El interés sobre un contenido no solo se basa en el título, sino que los seguidores muestran una gran fidelidad por sus comentarios y ante todo con la personalidad a través se recrea la temática del canal, aunque lo que todos buscan son canales donde sepan jugar de verdad y haya algo novedoso por observar.

Existen muchos factores detrás de las razones por las cuales un canal gana popularidad, pero es una gran inspiración seguir de cerca las acciones de estrellas millonarias online como es el caso de ElRubius que se ha convertido en una figura importante sobre esta plataforma llegando a ganar hasta 4,3 millones de euros en un año.

Normalmente las ganancias de los streamers más populares rondan la cifra anterior, sobre todo para los que destacan en este medio como AuronPlay, al repasar este tipo de ejemplos se puede entender el tipo de tráfico disponible, y la forma en la que han escalado estas figuras, es un ejemplo a seguir mejor dicho.

El pago de Prime Gaming y la suscripción de canales

Mientras Twitch va causando más y más atractivo, llega la duda sobre cada usuario o la motivación sobre el pago de una suscripción, esta tiene una modalidad principal que se denomina como Prime Gaming que anteriormente recibía el nombre de Twitch Prime, el beneficio de esto es que puedes encontrar juegos gratuitos junto con objetos populares.

Este funcionamiento por parte de Prime Gaming se debe a la inclusión con Amazon Prime, gracias a que Amazon compró Twitch en el año 2014, así que al pagar una suscripción, ya se posee la otra, se encuentran sincronizadas, el costo en Twitch cuenta con una cuota mensual de 4 euros al mes con la oferta de acceso a Amazon Prime.

Pero la conformación de un canal es una creatividad al 100%, ya que se pueden ofrecer suscripciones individuales, para que un usuario pueda disfrutar de un pago a cambio de grandes ventajas, porque cada suscripción cuenta con un plan básico de ventajas, donde resalta la facilidad de eliminar anuncios tras la transmisión y un chat exclusivo.

Además de esto se encuentra la posibilidad de brindar y crear un catálogo de videos disponibles solo para suscriptores de este tipo, estos beneficios favorecen el tema estético y ayuda a desbloquear una gran cantidad de funciones, ese tipo de apoyo económico no causa otra cosa que no sea un estímulo directo al creador del canal.

Cómo mejorar la seguridad en Twitch

Integrar Twitch al navegador que utilizas de forma cotidiana, puedes ver de cerca las opciones que se encuentran sobre la configuración en el perfil, ya que se encuentra una sección de seguridad y privacidad para combatir a los hackers que pueden querer tocar y afectar tu cuenta, por ello es mejor prevenir con estas alternativas.

Lo primero que debes tomar en cuenta para no tener problemas en Twitch es conformar una contraseña segura, necesitas que sea larga, combinada entre mayúsculas y minúsculas, además de incorporar números o signos de puntuación, la intención es que sea única, luego es vital cubrir el paso de autentificación en dos pasos.

Es muy útil contar con estas medidas de seguridad para que nadie más pueda tener acceso a la cuenta si no es a través del número de teléfono o con la dirección de correo electrónico, de ese modo puedes contar con el diseño de una cuenta segura, pero sobre todo con la tranquilidad de crear contenido y no tener problemas de este tipo.

Conoce cómo transmitir en Twitch

La transmisión en Twitch es muy sencilla en líneas generales, solo es necesario tomar en cuenta la configuración que suele estar escondida para algunos, pero con este paso a paso no vas a tener problema alguno:

- 1- Realizar la apertura de OBS Studio, debes haberlo descargado con anterioridad.

- 2- Luego al tenerlo descargado debes dar clic en "Archivo", posteriormente en "Configuración", para encontrar la opción de "Emisión".

- 3- Al elegir un tipo de emisión debes dirigirte a la que ofrece "Servicio de Retransmisión".

- 4- Una vez que encuentres los servicios puedes dirigirte a "Twitch".

- 5- Estando en Servidor puedes contar con la opción de "Automático (Recomendado)".

- 6- En la opción de Clave de retransmisión es donde debes pegar la clave que surge para la retransmisión del canal de Twitch.

Para conocer dónde se encuentra la clave de retransmisión de Twitch debes iniciar sesión en la cuenta Twitch, una vez realizado este paso puedes hacer clic tras el nombre de usuario donde se encuentre tu avatar, esto aparece en la esquina superior derecha, donde puede tener acceso al "Panel de Control" e ingresar en la configuración del canal.

Cuando estas en la opción de canal, debes ubicar la opción de "Clave de transmisión principal", donde debes dar clic en el botón de "Mostrar", es importante que leas el aviso que surge tras esta opción, al estar de acuerdo debes hacer clic en "Entendido", de ese modo puedes obtener la clave de retransmisión de Twitch e ingresar en OBS.

Lo que debes saber para configurar Twitch: Panel de Control

Es importante conocer la configuración a aplicar en Twitch sobre todo por tratarse de una plataforma para Streamers, por ello posee una configuración a la cual prestar atención, para tener acceso a cada una de las funciones y conseguir que el canal obtenga la relevancia que esperas hasta ganar dinero con la creación de contenido.

En primer lugar debes dominar cada función que se encuentra dentro de la plataforma para que puedas realizar configuraciones básicas donde sobresalen las siguientes opciones que se encuentran en el panel de control:

- En directo

Esta alternativa se conoce como información de emisión, para hallar el título de la retransmisión, además están las notificaciones provenientes de la emisión en directo, la categoría y el tipo de etiquetas a utilizar junto con el idioma, a lo que se incorpora el título donde posees 140 caracteres disponibles para crear una temática atractiva.

Por otro lado se encuentran las notificaciones de emisión en directo, siendo un mensaje que recibe cada seguidor una vez que estés retransmitiendo en directo, es importante apelar a un llamado de atención que sea efectivo, para conseguir este efecto dispones de 140 caracteres para lograr esta misión.

Tras la sección de categoría está el juego al que te vas a dedicar en la retransmisión, debes considerar que Twitch ordena cada retransmisión por medio de categorías, por ello no se puede ignorar esto sino elegir la categoría indicada para que cada vez más espectadores puedan acceder a tu contenido.

En el caso de las etiquetas se tratan de recursos importantes porque se puede conseguir un alto nivel de seguimiento con ellas, a lo que se suma el aspecto del idioma todo depende del idioma que se usa en la retransmisión, porque esto genera un tipo de acceso para que te puedan ayudar de forma eficiente.

- Extensiones

La misión de las extensiones se trata de una serie de aplicaciones o plugins que se pueden instalar para obtener una gran configuración sobre tus retransmisiones, de este modo se logra ganar atención tras el contenido emitido en un canal, existen diversas extensiones que se adaptan a tus objetivos con gran facilidad.

- Logros

Los sistemas de logros también se hacen presentes sobre la plataforma de Twitch, a medida que se puedan superar se desbloquean las utilidades, para que puedas sacar a flote esas aptitudes como streamer con total facilidad, para ocuparse de conseguir más funciones a medida que se avanza como protagonista de dicha cuenta.

- Eventos

Ante la alternativa de eventos se trata de un funcionamiento que imita la misma dinámica que ofrece Facebook, donde se cuenta con la atribución de publicar una imagen como forma de publicidad con todos los datos, esto se usa como una ocasión especial para generar un ambiente de expectativa que se traduce en un gran margen de tráfico.

- Actividad

El resumen de toda la actividad que sea procedente a la cuenta se encuentra tras esta sección, se basa en un historial amplio para encontrarse con las modificaciones, y también las transmisiones junto con otros detalles, de ese forma se sigue de cerca el crecimiento de una cuenta y los pendientes.

- Herramientas de transmisión

Para crear transmisiones puedes contar con herramientas que ayudan a que nada te falte cuando decidas generar contenido en directo, existen toda una serie de funciones gratuitas y otras de pago, la mayoría cuenta con OBS como una solución, lo importante es aprender de cada herramienta para utilizarla a tu modo.

- Análisis

Se trata de un apartado ideal para hallar todos los datos que se generan sobre la transmisión, te puedes encontrar con información demográfica sobre tus espectadores, como también sobre la hora de reproducción para que el contenido siga esa dirección, este tipo de indicio es importante para un streamers.

Para monetizar, es indispensable dedicar mayor importancia a estos resultados para crecer de forma exponencial, por ello al realizar la retransmisión estas consideraciones se traducen en un punto de partida vital, la buena información ayuda a crear estrategias, todo surge por parte del estudio de cada dato por ser una ayuda.

- Vídeos

Por medio de esta alternativa puedes encontrar la oportunidad de publicar videos editados, como también aquellos que hayas grabado que se pueden publicar como falso directo, hasta tal punto de conformar una colección, para hallar clips de vídeos que son de otros streamers y puedes tenerlos para verlos en cualquier momento.

Conoces los trucos de la configuración en Twitch

La configuración es una parte esencial que se encuentra sobre el panel de control, esta es una sección muy importante para llegar a ser un streamer de gran distinción, por ello debes poner en práctica los siguientes puntos:

- Canal

Tras la opción de canal puedes hallar la clave de retransmisión para que lo puedas usar en OBS, a esto se suma el poder de guardar o no las emisiones que hayas realizado alguna vez anterior, existe un plazo de 14 días para esta opción, en el caso de usuarios Prime, socios o también turbo con 60 días para que no se pierdan las emisiones.

A las alternativas se suma la incorporación de contenido para adulto que puede ser parte de tu canal, no se trata de emitir escenas con amenaza o pornografía, sino de algún contenido inapropiado que puede ser excluido de la plataforma por ello se recomienda que esta opción pueda estar activado como una previsión.

Por otro lado, puedes elegir la preferencia de optimización, para que la calidad del vídeo se pueda ajustar para que la transmisión pueda encajar con tus expectativas, esta es una gran salida para disminuir los recursos de la PC, con el clic en la baja latencia, son configuraciones que te pueden disminuir todo el estrés.

El tema de los permisos en Twitch es un paso para que las demás personas puedan retransmitir en tu canal, esto llega a ser útil cuando se trata de revistas de videojuegos, o cualquier otra temática donde van a participar más personas, donde toda la actividad se concentra en un solo canal.

Otro tipo de consejo que se puede aplicar para que los streamers puedan crear un canal mucho más llamativo y lleno de calidad, es la inclusión de un banner para el reproductor de vídeo, de ese modo cuando el canal esté desactivado podrán ingresar para hallar los vídeos anteriores, sin necesidad de ser recibidos por la pantalla en negro.

El tema de las funciones ayuda a que los permisos de la plataforma puedan estar distribuidos con otros usuarios, en el caso de nombrar un editor se trata de un usuario que dispone las mismas atribuciones que el dueño del canal, mientras que el moderador se encarga del control del chat y los VIP son miembros destacados de la comunidad.

Por último se encuentra la configuración de moderación, donde se encuentra la posibilidad de gestionar el chat, para administrar la forma en la que pueden contactarte, es una medida importante para garantizar la mejor interacción, para disfrutar de esto es necesario la verificación por correo electrónico.

Cómo ganar seguidores en Twitch

Mientras estés al tanto sobre cada función de configuración que brinda Twitch, puedes construir una cuenta realmente atractiva, donde la idea es que puedas reproducir tus contenidos en OBS sin problemas, al tener claro el tipo de juego con el cual vas a empezar, solo resta iniciar a ser un gran streamer.

Aunque conseguir seguidores en esta plataforma no sucede de un momento a otro, sobre todo con miles de canales a lo largo del mundo, por ello lo esencial es ofrecer contenido inédito y saber utilizar trucos novedosos para acelerar el impacto que puedes causar sobre la audiencia, aunque hay pasos claves para llegar a ese punto, como los siguientes:

- Descubre el tipo de Streamer que deseas ser

Una cuenta necesita de una identidad, por ello la primera duda es acerca de qué va a tratar, si un solo juego en específico, o si se trata de todos los estrenos que sean tendencia, a esto se suma la decisión del tipo de consola a utilizar, puede ser una PC, PS4, Xbox ONE o incluso Nintendo Switch esas son decisiones iniciales que marcan un estilo.

- Construye una estrategia para ganar interés

Es importante que antes de aventurarse en Twitch, tengas presente que no se trata de retransmitir por un interés propio sin ofrecer entretenimiento, ya que existe un gran margen de competencia por ello necesitas que se trate de un contenido diferente donde puedas probar tus habilidades y los trucos novedosos que posees.

- Determina cuál es el contenido más conveniente

Ante el deseo de contar con tu propia comunidad, debes presentarle consejos y trucos que puedan causar que obtengas las respuestas que buscan sobre algún juego, esto en combinación con una personalidad llamativa con conocimiento pero que sepa entretener para disfrutar de la duración del contenido sin problemas.

Existen muchísimas formas de realizar una retransmisión de Twitch cuando se trata de temática, lo importante es que te puedas sentir cómodo, pero ante todo que estés disfrutando de lo que haces, porque eso al final se puede contagiar sobre los usuarios y es un gran modo de monetizar como aspiras.

- Conforma metas y sé constante

Un streamer debe estar comprometido con sus metas, para lograr esto necesita actuar como un profesional, porque si cuidas de tu canal, te ocupas de seguir las horas convenientes para ganar audiencia, al paso del tiempo vas a ganar reputación, se trata de ejercer una gran continuidad sobre el horario y el objetivo que te impongas.

- Realiza eventos o sorteos eventualmente

Nada se vuelve más apasionante que seguir de cerca una cuenta que emite regalos, por ello para que los seguidores puedan tener mayor dedicación por tu contenido, no cabe duda que una gran motivación es ofrecer un sorteo, para que tengas una gran oportunidad de enganchar a más personas a tu contenido.

- Crea estrategias de crecimiento sobre otras redes sociales

Twitch se conoce como una red social, pero la cuenta que hayas creado en esta plataforma, debe ser expuesta sobre otras redes sociales para ganar también mayor atracción, por ello tu proyecto necesita un plan social media, donde obtengas tráfico o audiencia de Instagram, Twitter o Facebook hacia Twitch.

Relacionarse con más seguidores es una gran señal de éxito para toda cuenta en Twitch, mientras se pueda generar mayor interacción, será una gran ventaja para compartir contenido con otros streamers, es una ayuda o un apoyo de cada medio social para que una idea pueda crecer en todos los sentidos.

- Participa en eventos y crea alianzas

En el mundo de videojuegos se encuentran muchos eventos que puedes considerar, ese tipo de encuentros pueden ser usados como una especie de trampolín para ganar más influencia dentro del mundo de videojuegos, todo se trata de convertir tu canal en una profesión a tal punto de lograr monetizar con otros streamers del sector.

- Fortalece las necesidades de diseño gráfico

Un canal debe estar conformado con el mayor detallismo posible, por esta razón es una obligación invertir en herramientas online que pueden ser de gran ayuda para emitir una gran presencia sobre esta plataforma online, el objetivo es que cada seguidor pueda quedar cautivado cuando ingrese a tu canal.

- Utiliza otros canales para retransmitir

Además de Twitch, acudir a otras opciones para retransmitir ayuda a que el contenido pueda ser captado por una gran cantidad de audiencia, puedes apoyarte en Facebook Live como también en YouTube, todo se vale cuando se trata de mejorar la presencia, de ese modo los seguidores luego pueden migrar a tu cuenta y ayudarte a crecer.

- Explorar técnicas para ganar más atención

Estudiar a los espectadores por medio de neuromarketing es una opción disponible para anticiparse y llegar a conocer sus expectativas, además puedes ajustar tu contenido hacia lo que sea más llamativo para tu comunidad, usando trucos que puedan provocar que no despeguen de tu canal, desde un punto más emocional a diferencia del análisis de datos.

- Apela a estrategias de seguimientos básicas

Cuando estas empezando en Twitch puedes elegir alternativas como el popular "sígueme y te sigo", en algunos casos avanzados esto no deja una buena imagen, pero cuando se trata de conformar un canal desde cero, todo cambia, este tipo de acciones funcionan para iniciarse pero no se recomiendan de continuar.

Cómo se puede ganar dinero con Twitch

Muchas personas desconocen la ventaja de obtener dinero siendo streamer, pero es cierto cuando se siguen los pasos apropiados, pero es una meta que lleva tiempo porque se trata de ser constante con cada uno de los consejos mencionados, que son mejor ejercerlos porque te gustan que por el mero objetivo de ganar dinero.

Sin embargo debes tomar en cuenta que Twitch también cuenta con un programa de afiliados como el de Amazon, pero debes cumplir con los requisitos de haber transmitido por lo mínimo 500 minutos en los últimos 30 días, o también haber realizado una retransmisión durante 7 días únicos en los últimos 30 días.

Dentro de los requisitos se une la obligación de contar con una media de 3 espectadores al mismo tiempo, en los últimos 30 días, y en cuanto a los seguidores, debes llegar a la cantidad de 50, junto con la activación de autentificación en dos pasos, de ese modo se puede optar al programa de afiliados.

Además del programa de afiliados, existe otra forma de ganar dinero como lo es el sistema de donaciones, este se activa a través de la creación de un banner donde los seguidores pueden realizar donativos que impulsan al crecimiento del canal, por ello es importante el tema del carisma hacia los seguidores.

Otra manera de monetizar en Twitch, es bajo el aprovechamiento de tu audiencia para ser parte de otro tipo de programas de afiliados, ya sea a través de enlaces que te proporcionan una comisión al producirse una compra tras el mismo, justo como sucede con el propio sistema de afiliados que posee Amazon y otras tiendas similares del sector de juegos.

Adicionalmente se suma la posibilidad de monetizar con afiliados y un sistema de Bits, se trata de recibir un centavo por cada vez que alguien use un Bit al querer enviar un Cheers en tu canal, esta es otra alternativa que se suma para monetizar tu cuenta en Twitch, todo depende de la popularidad de la cuenta.

Conoce de qué trata el Twitchcon

Un evento que forma parte de esta plataforma es Twitchcon, se trata de todo un fin de semana donde se realizan actividades, streams, torneos y cualquier otra concentración de fanatismo, porque es un evento dedicado para que cada streamer pueda disfrutar, como también una buena concentración de aliados para hacer crecer tu cuenta.

Twitch no sólo es retransmisiones de videojuegos

El desarrollo o la finalidad de Twitch no solo se dedica a los videojuegos, sino que también es una plataforma interesante para todos aquellos que tienen algo por contar, porque más allá de los videojuegos, otra categoría que se está abriendo camino es las de Talk Show y podcast, mejor conocido como "IRL", dedicado a música y actuación.

Dentro de estas cuentas existe una gran variedad de contenido dedicado a la ciencia, como también a la tecnología, a esto se suman personas compartiendo ideas de manualidades, tratando temas de belleza, y el mundo deportivo o fitness se ha hecho espacio dentro de esta plataforma tan atractiva, sin olvidar mencionar la emisión de recetas en directo.

Pero la gran distinción sobre esta nueva tendencia, son canales "Just Chatting", que no es más que personas que utilizan su webcam para hablar de los temas que prefieran, esto se realiza bajo el seguimiento de las normas y políticas de la plataforma, es un ingenio que para muchos resulta una locura, pero genera un amplio margen de tráfico.

Aunque es cierto que la retransmisión sobre juegos y torneos de videojuegos posee un mayor poder sobre esta plataforma, llegando a tal punto de reunir millones de personas que aman ver jugar a otras personas, se trata de una tendencia propia de la generación, esta genera una experiencia irresistible que mantiene vigente a la categoría.

Qué se necesita para crear un canal exitoso en Twitch

El principal requisito para que un canal de Twitch llegue a crecer como aspiras, es constancia y gran deseo de crear contenido de verdad, al tener ese tipo de iniciativa se suma cualquier accesorio queda ser de gran utilidad como una PC o una consola de juego que te permita retransmitir sin preocupaciones.

Además de contar con los accesorios para jugar, hace falta un software para realizar el streaming y pueda quedar con una gran impresión de calidad, para mejorar la experiencia de dichas grabaciones contar con un micrófono o auriculares es un medio de comunicación importante para narrar o expresar lo que ocurre.

Lo que vas a necesitar depende del tipo de juego que desees retransmitir, para que puedas proyectar la mejor imagen posible acerca del desarrollo del juego, pero la mayoría usa una PC que necesita por lo mínimo contar con 8 GB de RAM, junto con un sistema Windows 7 o superior, también es compatible con una Mac.

Desde una pc es importante contar con una tarjeta gráfica que sea potente como para funcionar con DirectX 10 u otra superior, a esto se suma la necesidad de una conexión a internet aceptable, la cual debe contar con 3MB por segundo, esto se debe a la carga que causa la retransmisión por ello algunos llegan a utilizar dos PCs.

Qué tipo de software necesitas para realizar un streaming en Twitch

Es esencial que todo streamer pueda contar con herramientas como un software de transmisión, porque esta es la forma de mostrar el contenido al mundo, para esto se usan programas como Open Broadcasting Software (OBS), este se puede usar de forma gratuita.

Por otro lado se encuentra XSplit que posee una interfaz mucho más intuitiva, aunque sus funciones más destacadas son pagas, una vez que cumplas con esta elección, necesitas realizar las siguientes configuraciones; las fuentes del juego y también de la cámara web, porque es una representación del streaming.

Los elementos que surgen ante el espectador también deben contar con un alto nivel estético, para que cuando una persona se suscriba al canal, obtenga una gran apariencia de diseño, y por último en temas de software es importante tener todo sincronizado con la cuenta de Twitch para iniciar en el mundo de la retransmisión.

La forma de realizar streaming desde consolas de videojuegos

Si cuentas con una Xbox One o una PS4, cuentas con la función de grabar desde tu consola, sin la intervención de otro tipo de software, puede resultar más sencillo para algunos, esto se debe a que puedes contar con la aplicación gratuita de Twitch en Xbox One y para PS4 se puede ingresar al menú para compartir el sistema.

Aunque la diferencia entre usar una consola y una PC, es que la transmisión desde una consola no se puede personalizar como acostumbras, pero es un gran primer paso para ir ganando comodidad dentro de Twitch, esta posibilidad también está ofrecida por parte de Nintendo Switch, aunque debe contar con una tarjeta de captura.

Una de las alternativas más populares sin duda es la de la tarjeta de captura de Elgato Game Capture HD, para realizar grabaciones sin problemas en 1080p, desde una Xbox One, 360, también sobre PS4, PS3 y Wii U, posee una gran compatibilidad con todo sistema de salida HDMI.

Cómo retransmitir en Twitch desde una PC

Al jugar desde la PC, puedes retransmitir con tan solo integrar un buen hardware, junto con un software de transmisión, al tener instalado dicho software ya se OBS o cualquier otro, solo debes iniciar sesión en Twitch.tv, para dirigirte al panel de control, seleccionar el juego y luego color el título a la retransmisión.

- Preparar la retransmisión con OBS

Lo primero es realizar clic con el botón derecho en OBS para ejecutar como administrador, lo siguiente es dirigirte a la configuración de transmisión, donde puedes ir a Twitch para tener acceso al servicio de transmisión, al regresar al panel de Twitch puedes seleccionar la Stream Key para seguir las indicaciones y configurar todo.

- Preparar la retransmisión con XSplit

Al abrir XSplit lo primero por hacer es agregar a Twitch a la difusión, luego conceder la autorización, para que de forma automática se realicen los ajustes de resolución, hasta editar las propiedades sobre la transmisión y terminar por aceptar los cambios para que entre en acción esta modalidad de re-transmisión.

Cómo retransmitir en Twitch desde Xbox One

Cuando tienes una Xbox One puedes realizar retransmisiones para convertirte en una gran estrella sobre Twitch, es muy sencillo seguir esta opción, sobre todo se ha hecho más importantes con juegos sobre Fortnite, además solo hace falta realizar una serie de pasos previos para usar esta consola a plenitud, con los siguientes pasos:

- 1- Necesitas descargar la aplicación de Twitch que puedes conseguir en la Xbox Store.

- 2- Al iniciar sesión debes asociar tu cuenta de Twitch activa para empezar a transmitir desde la aplicación.

- 3- Luego para sincronizar la cuenta debes visitar la https://twitch.tv/activate desde el navegador a través de cualquier dispositivo para ingresar el código que se encuentra en la pantalla.

- 4- Ingresa al juego que deseas para retransmitir desde la Xbox One.

- 5- Al dar clic en el botón de inicio puedes ingresar a la difusión, donde podrás utilizar Kinect o con el micrófono, también se puede tener acceso con Cortana.

- 6- Coloca el título de la transmisión y realiza las configuraciones de micrófono, Kinect y chat.

- 7- Inicia una transmisión con todas las funciones por parte de Twitch para ser un streamer de verdad.

Cómo retransmitir en Twitch con PS4

Desde la PS4 se puede retransmitir cualquier juego para ganar contenido sobre la cuenta de Twitch, esto es ideal ante audiencias como Resident Evil 7, donde además de todo se une la posibilidad de realizar comentarios para agregarle más emoción al desarrollo, esto se hace realidad con los siguientes pasos:

- 1- Debes presionar el botón para iniciar la acción de compartir un controlador PS4 al momento de estar en el juego.

- 2- Elige la acción "Retransmisión Gameplay".

- 3- Selecciona Twitch.

- 4- Debes iniciar sesión en la cuenta.

- 5- Ingresa a la siguiente dirección https://twitch.tv/activate para introducir el código que se encuentra sobre la pantalla de la TV.

- 6- Escoge un OK sobre la PS4.

- 7- Es momento de elegir una vez más el Twitch.

- 8- Cuenta con opciones personalizadas para iniciar la transmisión.

- 9- Una vez completas estas opciones puedes estar en vivo en Twitch.

Existe una aplicación en PS4 de Twitch pero no hace falta para la retransmisión, sino que se usa para disfrutar del contenido de los demás, esta es una alternativa que dispone de la PlayStation Store, porque no hay límites para compartir contenido sobre Twitch, en la propia consola cuentas con esta oportunidad.

Cómo retransmitir en Twitch por medio de Nintendo Switch

La consola de Nintendo Switch permite contar con retransmisiones exclusivas para Twitch, aunque todavía es necesario optar por el camino tradicional con la tarjeta de captura, de lo contrario puedes ejercer los siguientes pasos para hacer streaming por medio de esta consola:

- 1- Necesitas una tarjeta de captura, la transmisión interna no es permitida por el Nintendo Switch, al conectarla al televisor hace falta el cable HDMI para lograr ver en la TV lo que estás haciendo durante la transmisión.

- 2- Adicionalmente se necesita integrar la PC, luego de esto vas a poder controlar el juego, por medio del software de transmisión de PC aunque desde es vista el juego se proyecta un poco retardado.

Cómo capturar los momentos más épicos en Twitch

En todo canal de Twitch puede surgir un momento realmente sorprendente que deseas compartir con tus amigos, esto es fácil de capturar para que lo más importante del sitio de Twitch se pueda utilizar como una publicidad o simplemente convertirlo en tendencia, esto se hace realidad por medio de la función denominada como Clips de Twitch.

Para contar con lo más destacado del canal de Twitch puedes utilizar los clips, esta función se encuentra extendida hacia cada usuario de Twitch, mientras se trate de canles asociados, es decir todos aquellos que posean un botón de suscripción, una vez que cuentes con este requisito, solo debes seguir los siguientes pasos:

- 1- Ingresa al canal de Twitch que prefieras, y revisa que se trate de una cuenta asociada, esto se puede ver si el canal posee un botón de suscripción púrpura, además es necesario considerar que es una opción para contenido en vivo, en cambio con los vídeos pregrabados no funciona.

- 2- Necesitas pasar el cursor sobre el reproductor de vídeo para luego hacer clip que se encuentra sobre la parte inferior derecha, un videoclip de 30 segundos ayuda a exponer una nueva pestaña, según la temática de Twitch se pueden capturar clips de al menos 25 segundos anteriores desde el clic que has dado.

- 3- Al realizar clic en la próxima pestaña para observar el clip que ha sido recién grabado, para ello puedes usar botones de Twitter, Reddit y Facebook, estos se encuentran en la parte superior derecha, para que logres compartir el vídeo en cualquiera de estos sitios o espacios digitales.

- 4- Otra opción que puedes utilizar es la de copiar el enlace para enviárselo a un amigo, de ese modo podrán ver el clip donde aparece el nombre del usuario sobre la parte superior derecha, por otro lado surgen los enlaces para ingresar directo al sitio web del streamer en la parte inferior por ello es una forma de publicidad.

Al estar realizando una transmisión hacia tus seguidores, puedes hacer realidad ese deseo de mostrar un fragmento en particular de la reproducción, sobre todo cuando se ha hecho una jugada importante o es contenido destacado, por ello para emitir la atención que ese momento merece con la instauración de clic personalizado.

Datos de Twitch para 2021 sobre marketing digital

La plataforma de Twitch es una propuesta interesante dentro del mundo digital, sobre todo por el enorme movimiento de usuarios activos que permiten llevar a cabo campañas de marketing de todo tipo, por ello hacerse visible todavía es una oportunidad por ser un campo abierto tras el cual llevar a cabo la instauración de un canal impactante.

Ante la poca saturación que existe sobre esta plataforma hay una gran posibilidad de alcanzar un margen de éxito importante, esto es una realidad que se pone en práctica cuando descubres los siguientes trucos y tendencias que se han originado tras el tráfico que persiste sobre Twitch y si te interesa esta plataforma debes saberlo.

Los hábitos e intereses sobre las transmisiones ayuda a seguir de cerca la dirección que está tomando esta innovación, donde se debe reconocer que puede cambiar la preferencia de los videojuegos por otras temáticas, todo se trata al tipo de público que se desea llegar el cual cada vez está siendo más variado.

A medida que se presenta un crecimiento o un cambio de tendencia sobre la plataforma es necesario actuar e implementar un plan de acción para que una cuenta de Twitch pueda escalar a un gran nivel, por ello con estos datos puedes tomar los correctivos que necesitas:

- La mayoría de usuarios que son parte de Twitch poseen 18 y 34 años, y al menos un 14% tiene entre 13 y 17 años, por ello tu imagen debe estar ajustada hacia este tipo de audiencia.

- Alrededor del 65% de audiencia son hombres.
- Un alto número o índice de tráfico del 23% proviene de Estados Unidos.
- Alemania, Corea del Sur y Rusia abarcan un 18%, siendo también una mayoría.
- La disponibilidad de la plataforma alcanza hasta 230 países.
- Alrededor de más del 90% de contenido gaming es emitido por parte de Twitch.
- Un alto porcentaje del 63% del contenido que guarda relación con videojuegos se transmite sobre esta plataforma.
- La audiencia en Twitch se proyecta a aumentar un 5,9% en el transcurso del año.
- Durante el año 2021 se tiene visualizado que League of the Legends siga siendo uno de los videojuegos más retransmitidos a través de Twitch.
- La principal temática que se involucra sobre Twitch es el uso de música y también sobre artes escénicas.

A través de estos datos no cabe duda que esta plataforma solo emite señales de crecimiento, por esa razón todavía quedan muchas estrategias por lleva a cabo sobre Twitch, es un campo abierto para innovar y lograr que tu canal esté orientado hacia los datos más predominantes, como una mera acción de marketing digital.

Las tendencias que necesitas saber sobre Twitch

Al tomar en cuenta cada dato de gran utilidad sobre el marketing digital de Twitch, se presenta un gran interés por parte de las empresas para dar su mejor intento sobre esta plataforma y capturar la atención de cada usuario, pero adicional a esto es necesario considerar las siguientes tendencias de Twitch:

- **Celebridades nacientes sobre la plataforma**

Normalmente cuando se mencionan celebridades solo se asocian con YouTube, pero en Twitch cada vez surgen o llegan más estrellas del contenido, estas son únicas e incluyen a músicos, y también otra clase de estrellas creativas de gran renombre, esto se debe gracias a que son más los que deciden ser parte de Twitch.

Esta plataforma le abre paso a las presentaciones en vivo, a tal punto de añadir conciertos y otros eventos similares, donde el principal objetivo es que se produzca la interacción con sus seguidores, este tipo de relación o nexo causa que puedan fortalecer su imagen y que la cuenta pueda despegar hacia donde esperes.

En el caso de YouTube todo se trata de una dedicación por hacer vídeos, aunque también permite grabaciones en directo, pero en Twitch se produce un alto nivel de engagement, ya que dentro de esta plataforma la cercanía con la audiencia está mucho más cercana de lo que piensas, todo está a tu entera facilidad para que ese trato fortalezca la cuenta.

- ## La acción del influencer marketing

Diversos usuarios y empresas en Twitch acuden mucho más sobre la actuación de un influencer marketing, ya que con sus campañas agendas este tipo de figura, al acudir a un streamer que posea una gran comunidad de seguidores sobre la plataforma y lograr que mencione una marca, la empresa gana ese tipo de publicidad de forma sencilla.

Una estrategia tan conocida como esta, le abre paso a que un streamer pueda optar hacia una obtención de ganancias importantes, es un interés recíproco que surge sobre ambas partes y por esa razón es una tendencia que parece no cambiar en los meses futuros o años, todo depende de la forma de actuar sobre el marketing digital.

Mientras se pueda captar atención sobre el público, no solo avanza el canal, sino que muchas marcas puedan interesarse en realizar tratos contigo para aprovechar tu popularidad, por este motivo es valioso conservar un gran nivel de cercanía con el público, ya que con esa confianza se puede monetizar efectivamente.

La forma natural en la que se produce una transmisión es la que genera un punto de encuentro de interacción importante, donde de forma indirecta se establece esa cercanía con el público, por esta razón conseguir un gran resultado sobre un canal no es tan complicado, todo depende de la creatividad y el esfuerzo.

- **Anuncios Self-serve**

Tras esta tendencia las marcas logran hacer publicidad sobre toda clase de producto o marca en Twitch, esto se lleva a cabo mediante acciones que se recrean en directo, donde la participación del mensaje publicitario se hace notar, sobre todo en eventos que se realizan en directo y cuando la participación del público se haga notar.

Este concepto o actividad se desarrolla cuando una empresa se encarga de crear contenido para que pueda seducir a la audiencia del streamer, esto no es complicado de ejercer por medio de una plataforma tan interactiva, a lo que se une una gran cantidad de herramientas que ofrece Twitch para que todo propósito comercial cuente con un desarrollo versátil.

- **Mayor publicidad y disminución de sponsors**

La aparición de anuncios en Twitch se debe a los intereses y las acciones de los usuarios, por esta razón los partners de las marcas deben fijarse en esa misma temática que domina la aparición de la publicidad, es una forma de calcar la emisión de transmisión que tienen éxito, para que los streamer puedan mencionar las marcas inetersadas.

La ventaja de anunciarse por medio de Twitch y sus creadores de contenido, es que se ofrece el acceso hacia una comunidad más interactiva e incluso apasionada por sus gustos, por ello es una plataforma más poderosa que otras redes sociales, por ello este es un medio para demostrar la cercanía con el creador y la audiencia.

El impacto publicitario que posee esta plataforma es de gran nivel, y a medida que la plataforma postule un gran crecimiento, de ese mismo modo habrán más interesados de hacer publicidad sobre este medio, por este motivo esta clase de publicidad se asocia con el funcionamiento de Amazon todo se vincula para que los productos sean vistos.

- **Los horarios más populares para atraer audiencia**

Las cuentas más exitosas de Twitch tienen un patrón de conducta en común, ese comportamiento es establecer un horario a seguir de forma apegada, al momento de transmitir con una frecuencia ordenada se logra crear un hábito y tener mejor impacto sobre la audiencia, por ello conocer los días y las horas más activas son de gran ayuda.

El aprovechamiento al máximo de la audiencia es clave para fortalecer una cuenta de Twitch, de ese modo los directos pueden alcanzar un mejor nivel o influencia, por ello para cosechar un gran alcance es importante estudiar al público objetivo para seguir su propio patrón y de ese modo establecer retransmisiones regulares.

La diferencia entre un streamer profesional y otro principiante es crear hábitos para emitir una gran imagen ante los usuarios, esta preocupación se debe a que la audiencia es fiel a los creadores que utilizan horarios y ante todo que presentan una actividad constante, esa es la garantía que todo usuario merece recibir y necesitas considerar.

- **Sorteos y concursos**

Una de las actuaciones más frecuentes dentro de Twitch con mejor impacto son los sorteos y concursos, esto se debe a que esta plataforma es ideal para conformar eventos que poseen estas características, además se encuentran una gran cantidad de aplicaciones que ayudan a la culminación de estos eventos.

Mientras haya un sorteo de por medio se puede motivar a cada usuario a suscribirse al canal, como también a la creación de contenido por conseguir el premio, esta es una gran estrategia del marketing digital que está dando grandes resultados, porque todos desean ganar y los propios usuarios le hacen publicidad a la cuenta de Twitch.

Cada una de estas tendencias abre una gran planeación a cubrir a lo largo del año, cuando se siga cada punto con gran compromiso, surge una amplia oportunidad de alcanzar el crecimiento que tanto esperas, son expectativas analizadas según la realidad de los usuarios, por ello al seguir estas recomendaciones puedes sobresalir en la plataforma.

La razón por la que Twitch necesita de estrategias de marketing

Existen una gran cantidad de razones por las cuales incluir al marketing en Twitch, la principal es la libertad de actuar al ser un campo digital poco saturado, y sobre todo como otras redes sociales como Facebook y YouTube, por ello esta plataforma posee un gran potencial para emitir una intención publicitaria a la audiencia.

El poder positivo de publicidad que se encuentra en Twitch es una gran motivación, además se une el factor de la fase de crecimiento, por ello pueden surgir más tendencias, y hay empresas que cada día apuestan por este sector, causando que sea una plataforma a la cual dedicarse e invertir con una aspiración a largo plazo.

La actuación global que surge sobre Twitch es un potencial increíble, ya que se trata de un entorno que permite que se pueda llegar a cualquier rincón del mundo, por esta razón se convierte en una herramienta para contar con una audiencia de nivel internacional, y ante la puesta en marcha de alguna tenencia se termina expandiendo a gran velocidad.

La popularidad de Twich es indescriptible y se encuentra variado en una cantidad importante de categorías, esto confirma que el poder del directo siga siendo una realidad sobre esta tendencia moderna, por ello Twitch se considera como una estrategia de marketing de primer nivel por la facilidad para garantizar la interacción entre usuarios.

El streamer es un punto de partida esencial para muchos intereses globales, donde no se pierde el aspecto de la pasión y el amor por la creación de contenido en directo, porque más allá de un acontecimiento, es un conocimiento y habilidad que se pone en escena y causa que la audiencia sea receptiva en todos los sentidos.

Cómo diversificar tu audiencia

Por medio de Twitch surge un entorno ideal para encontrar contenido de toda clase, por ello es el sitio ideal para celebraciones de juegos, esta es una auténtica arte o creatividad por parte de streamings donde cada persona busca hacerse conocer por una acción extraordinaria dentro del juego y ante todo por su personalidad.

Los streamers llegan a ser aclamados por medio de su amabilidad, hasta tal punto de dominar el chat como toda una estrella, aunque para crecer y captar audiencia es vital contar con un estudio de oportunidad, presencia, tecnología, interacción, consistencia y habilidad, estos representan un número a analizar para seguir ese camino.

Para dominar la oportunidad de crecer en Twitch es necesario realizar asociaciones para aspirar a la obtención de ingresos, esta dinámica se desarrolla a través de los siguientes pasos para afianzarte sobre esta actividad:

- Instaura un nicho

Para lograr resaltar dentro de millones de usuarios solo necesitas buenas ideas, además de aceptar que puedes encontrarte con cuentas similares a tu temática, lo importante es destacar con cada idea especializada, para lograr emitir contenido de calidad, además de jugar y generar una gran imagen donde cada espectador se conecte con lo que emites.

La diversión no puede faltar dentro del contenido que se emite por parte de streaming, se trata de información novedosa pero sin dejar a un lado la esencia del juego, porque mientras se puedan sembrar esas sensaciones de curiosidad y entretenimiento, surge una comunidad sólida hacia el canal.

- Crea una frecuencia de sintonización

Es crucial que en la cuenta de Twitch se establezca una frecuencia para que se convierta en un programa seguido y concurrido, esta actividad debe ser como un hábito de ese modo los seguidores no se van a perder de las emisiones, se trata de construir una agencia importante a cumplir y que se pueda realizar la publicidad en otros medios sociales.

Iniciar con un streaming de forma aleatoria, solo va a generar que sea más complicado, por ello lo mejor es emitir contenido constante para reunir una buena cantidad de seguidores, el comienzo de esta actividad necesita impartir una imagen confiable para hacer crecer a los demás.

- Realiza importantes alianzas

El éxito de un streamer es un signo o un atractivo para considerarlo como un aliado necesario, porque con el trabajo junto a otros se puede crecer junto a la popularidad que posean otras estrellas, a base de alianzas se puede construir un nombre en Twitch, esto sucede al aprovechar los amigos sobre este sector.

Al concurrir en un evento o una retransmisión no cabe duda que vas a contar con un incremento de seguidores, ese tipo de presencia que se gana sobre la comunidad es un resultado asegurado por medio de la asociación, y esto es conveniente para que una transmisión sea más seguida.

- Ofrece entretenimiento e interacción

La principal función sobre Twitch se basa en que su fin es brindar entretenimiento, por ello la experiencia que se siembra sobre la audiencia es parte de ese papel clave a seguir de cerca, este tipo de entretenimiento es fusionado con la interacción que brindan las salas de chats, es una obligación conservar ambos elementos.

La interacción asegura que un canal de Twitch pueda recibir el apoyo de los seguidores, mientras se pueda mantener a gusto cada seguidor, termina siendo beneficioso para crecer dentro de esta plataforma, en este sentido la cercanía es importante de mantener para conformar una audiencia leal al contenido que proporcionas.

Una vez que vayan creciendo los seguidores no se puede perder ese tipo de cercanía con ellos, porque todo el esfuerzo desciende de forma significativa, no hay motivo para cambiar hacia una personalidad superior, sino más bien contar con la identidad de un canal para que sea recordado por encima de todo.

- Deja a un lado las dudas al emprender en Twitch

Iniciar dentro del mundo y las tareas de un streamer puede ser una vía de gran temor al no contar con el tipo de cámara que otras estrellas poseen, o también sobre el tema de la

PC, esto no significa que tu no puedas empezar, lo importante es la voluntad de esforzarse por crecer, el resto se puede mejorar a medida que avances.

Tener una cuenta de Twitch no es tan exigente como se piensa, por ello vas a contar con la libertad de ocuparte de forma directa sobre tu audiencia, porque esto es lo más importante más allá de la inversión en los equipos, se trata de poder da un paso a la vez para que cuando tu cuenta esté subiendo puedas pensar en un estudio.

- La diversión y la paciencia es lo primero

Incursionar en Twitch es un carrera de éxito por la cual dedicarse, por ello el trabajo duro junto con la paciencia pasan a ser grandes armas en medio de esta plataforma, aunque si tus objetivos son económicos es esencial que durante los primeros tres meses se tenga paciencia sobre ese sentido, en ese lapso de tiempo puedes disfrutar de lo que haces.

Aunque para llegar a ser famoso y generar dinero se estima una dedicación de al menos seis meses, esto en algún punto puede resultar agobiante pero no hay necesidad de perder la cabeza o que se convierta en una obsesión, porque ante las circunstancias los ánimos pueden decaer, lo vital es que tus ganas sigan intactas.

La mayor inspiración es recordar la razón por la cual has generado estas retransmisiones, porque si te apasiona jugar, esa es la clave para mantenerse con esta actividad como un hábito, de hecho llega a ser una carrera, para que esto al final pueda producir una transmisión muy divertida y que se haga sentir sobre espectadores.

Los mejores juegos que debes conocer para Twitch

Obtener un gran margen de crecimiento en Twitch es una obsesión para muchos usuarios, sobre todo cuando buscas generar dinero a través de la pasión por parte de los videojuegos, aprovechar al máximo los millones de usuarios activos que se encuentran en esta plataforma es una gran oportunidad.

Llegar a ser un gran streamer depende también de habilidad, por ello se crean muchos sueños para incursionar sobre este mundo, es posible llegar a ser todo un profesional sobre este medio con dedicación y ante todo conocimiento, porque la popularidad en Twitch es muy perseguida, pero también ciertos temas son muy seguidos y debes conocerlos.

Aunque sobre algunos temas que son tendencias es importante no saturar ciertos juegos que ya cuentan con mucho material o contenido, por esta razón es mejor dedicarse a conformar un nicho experto acerca de un tema para que sea un punto confiable a través del cual cada usuario pueda hallar lo que le encanta.

En el mundo de los videojuegos es vital informarse con anticipación, sobre todo para buscar transmitir lo mejor de cada juego, y lograr que la pasión se pueda notar sobre cada toma, de ese modo se logra cuidar el engagement, este es un punto principal para lograr aprovechar el poder de obtener más leds y darse a conocer.

Con la popularidad de esta plataforma y el efecto de Amazon, hay mucho interés por emitir transmisiones con artículos o productos a través de los cuales se pueda recibir una gran ganancia por publicidad, esta es una práctica muy concurrida por la generación Z y no lo puedes pasar por alto por ningún motivo.

La inversión y la dedicación sobre la publicidad es un paso clave sobre todo tipo de plataforma, por ello en Twitch no puedes pasar por alto los targets del medio que te aseguran una gran entrada, por ello saber cómo ejercer la publicidad resuelve muchas dudas o inquietudes, donde el mundo gamer domina esta plataforma.

La planificación para ingresar a Twitch es un paso necesario, esto determina la comunidad más importante para lograr tener acceso a esa tasa de participación que se encuentra garantizada con su público, esto junto con la habilidad es un arma potente, por ello con los siguientes 10 juegos podrás lograr crear un canal de primer nivel:

- ## 1- Super Mario Maker

El juego Super Mario Maker es altamente conocido, se trata de una modalidad de plataforma que posee desplazamiento lateral y ha obtenido un gran margen de éxito sobre la marca Nintendo, donde los fans de Mario toman una importante posición, donde cada circuito personalizado es compartido hacia otros usuarios con gran pasión.

Otra razón por la cual este juego posee un peso importante, se debe a los desafíos de 100 Mario, donde también se puede explorar por completo el Reino Champiñón para impartir una gran diversión a todo tipo de espectadores, esto se debe a que se trata de un juego perfecto para realizar streaming y promocionar tu cuenta.

La interacción con la audiencia de Twitch es mucho más fácil de aprovechar con un juego tan seguido como lo es este, sobre todo cuando la audiencia sigue de cerca este tipo de tendencias digitales, y hay una gran cantidad de público apasionado por este juego, por ello puedes crear contenido propio y compartir este tipo de juego.

- **IRL**

La acción de publicidad en Twitch representa una gran inversión en todos los sentidos, por ello buscar contar con un mayor nivel de audiencia es un objetivo claro, por ello la inclusión de una aplicación es la solución en muchos sentidos, sobre todo por la combinación entre el carisma real y el mundo virtual de un videojuego.

La presentación de Amazon del IRL ha generado ciertas dudas, aunque es necesario aclarar que no es un juego realmente, sino un canal donde los usuarios logran transmitir momentos de su vida, ese tipo de función es ideal para avanzar sobre una plataforma y al momento de generar la función de transmitir un juego.

Cada usuario puede compartir toda una serie de contenido que es distinto al aspecto gamer, ya que se trata de compartir y capturar algunos momentos de la vida diaria, este tipo de entretenimiento causa gran interés sobre ciertas audiencias, porque no buscan solo ver contenido sintético, sino que buscan contenido de una vida propia.

- **3- League of Legends**

La popularidad de League of Legends se ha hecho sentir en reiteradas ocasiones sobre Twitch, de tal forma sucedió el año 2017, donde se convirtió en uno de los juegos más demandados sobre esta plataforma, su interés ha llegado a abarcar hasta 80 millones de horas de transmisión referente a esta temática.

El contenido de LOL es un juego que ha sido aclamado de forma tradicional sobre la plataforma, esto se debe a la pasión por las estrategias y los acontecimientos que surgen tras una batalla online, a esto se suma el enfrentamiento que han creado en línea para conformar equipos y crear un gran espectáculo.

Es elevada la popularidad de este juego sobre Twitch, incluso hacia un trato profesional, porque mientras se pueda generar un mayor nivel de competición aumenta la cantidad de espectadores, y no hay nada que termine de ser encantador sobre el gaming que la competitividad, ese espíritu de superación ayuda a hallar una audiencia activa.

- ## 4- Grand Theft Auto V

Este juego proporciona una alta proporción de aventura y acción, por ello se ha llegado a considerar como uno de los mejores, a este punto llega a ser un producto de entretenimiento distinguido, por ello en Twitch cuenta con un espacio importante, desde su lanzamiento en el año 2013 su diseño amplio ha causado un gran nivel de atracción.

La tendencia que ha marcado en el mundo se debe a su enorme club de fans, estos se encuentran bien distribuidos sobre la aplicación, por esta razón se ha convertido en un excelente tema a considerar, esta es una medida especial para los nuevos usuarios y también para las marcas por ser un camino para captar más audiencia.

- ## 5- Counter-Strike: Global Offensive

Por medio del Conter-Strike: Global Offensive se accede hacia una audiencia clásica y apasionada por los juegos, por ello dentro de los usuarios de Twitch se encuentra una gran oportunidad de causar sensación gracias a esta temática, además es una opción muy concurrida por tratarse de un juego simple.

La alta competitividad entre dos equipos y la lucha por la victoria es una gran dinámica que genera atracción sobre la plataforma, con los ocho modos para jugar y sus características queda mucho por exponer y Twich es un medio ideal para esta finalidad, donde la audiencia puede lograr conectarse con tus jugadas.

La trayectoria que se puede alcanzar con este juego es resaltante, pero como se trata de una tendencia concurrida, lo más hábil sería juntarse con algún influencer sobre este medio, o en otra red social para ganar tráfico sobre las transmisiones que puedas realizar, mientras más fuerzas se unan, se termina reflejando un gran número de espectadores.

- **6- The Legend of Zelda: Breath of the Wild**

A través de la saga de Te Legend of Zelda se presenta un gran escenario para surgir en Twitch, sobre todo por su popularidad con Nintendo, y desde cada entrega que se emite de inmediato los detalles se convierten en tendencia sobre esta plataforma, además se ha clasificado como uno de los mejores videojuegos.

En Twtich con una audiencia apasionada por este juego se puede avanzar muy rápidamente, sobre todo aprovechando el poder de cada consola, a que PlayStation, Xbox o Nintendo cuentan cada una con su propia comunidad de seguimiento, a tal punto de contar con una alta cantidad de fanáticos que prefieren cada incidencia de este juego.

Los últimos tiempos este juego se vuelve cada vez más aclamados, todo gracias también al conocimiento que se ha distribuido sobre el público, y al dominar un detalle sobre esta tendencia puedes encajar con el objetivo de generar atractivo, además de poner en marcha toda una serie de campañas publicitarias relacionadas con este juego.

- ## 7- Dead by Daylight

Para crear contenido a esos amantes del misterio y al mismo tiempo con el terror, la respuesta para esto surge sobre este juego donde cada lucha por la supervivencia se vuelve altamente interesante, donde el desarrollo se basa en un jugador enfrentado contra cuatro, y se trata de asesinos que luchan por la supervivencia.

Cada espectador que forma parte de Twitch buscan vivir una experiencia inolvidable, con este juego van a pasar a sentir una auténtica película de terror, en medio del desarrollo puedes crear un gran carisma que te eleve de nivel dentro de la plataforma, en este punto puedes apostar por completo al marketing digital para una gran ambientación.

- ## 8- Minecraft

Un juego como Minecraft se describe como una gran aventura, a pesar de primeras impresiones, colocar bloques resulta una gran oportunidad, a raíz del 2009 pasó a ser un juego de PC que generó un enorme número de ventas, lo que significa que detrás del mismo se encuentra una gran audiencia apasionada.

Al poder crer tus propios mundos, tienes la facilidad de instaurar una cuenta atractiva, donde las actividades de exploración puedan seducir a los espectadores, el objetivo es que puedas ofrecer una gran experiencia y que se aproveche al máximo el contenido de este videojuego, por ello significa un éxito garantizado.

- **9- Resident Evil 7**

El juego que se hace dueño de todas las emociones fuertes, sin duda es Resident Evil 7, cada una de sus sagas dejan al descubierto importantes detalles que no puedes pasar por alto, es un encanto que no puedes dejar pasar por ningún motivo, esta es una tendencia que ha sido bien recibida por la audiencia para seguir de cerca el terror.

Ese miedo que surge de zombies luchando con otras criaturas se postula como un gran imán para retener cada vez más espectadores, aprovechando que se trata de uno de los mejores juegos, aunque abarca un público objetivo un poco más adulto de lo tradicional, estas consideraciones son claves para que logres encajar con los fanáticos de este juego.

- **10- Fortnite**

Uno de los juegos con un alto nivel de popularidad sobre transmisiones es Fortnite, desde que llegó con su lanzamiento en paquetes de programas, se ha convertido en un modo de juego muy popular, ganando toda la atención sobre los juegos Battle Royale, sobre todo por la versión que permite jugar o participar de forma gratuita con 100 jugadores.

Se trata de juegos que cuentan con un nivel de audiencia amplio, es un contenido que no puede faltar dentro de las tendencias modernas, o por lo menos se puede usar como parte de una estrategia para darse a conocer, el truco se encuentra en elegir el juego que vaya más con tu estilo y cause gran sensación sobre la audiencia.

Escoger un juego es una misión inicial que se debe hacer con detenimiento para asegurar estar bajo una temática que tenga poder en Twitch, aunque todo audiencia se conecta más con la naturalidad también que puedas emitir, en medio de esa interacción es que logras promocionarte de la forma que esperas sobre la plataforma u otra red social.

Con un juego definido, puedes lograr establecer alianzas comerciales para llegar a ser un embajador de alguna marca, donde cada views será bien premiado y obtienes una motivación extra para conseguir mayor audiencia, ese tipo de acción crea una cuenta duradera y un incentivo para cuidarla.

Ahora que conoces los juegos y las formas de aprovechar su valioso impacto, puedes conformar un mejor proyecto acerca de tu cuenta en Twitch, hasta convertirlo en una marca importante, al seguir el rumbo del marketing digital no hay duda que esto se termina reflejando sobre la cantidad de seguidores e incluso espectadores.

Estrategias para aumentar el engagement en Twitch

El medio del streaming es un mundo que necesita de medidas de marketing, pero para ello al iniciar tu canal es necesario imponerse objetivos para crear estrategias que hagan posible cumplir con cada meta, donde lo básico es apostar por conseguir visibilidad y obtener esa cantidad de seguidores que esperas.

Más allá de crear el canal de Twitch se requiere compromiso, porque necesitas apegarte a tus objetivos, sobre todo si busas un beneficio económico, esto se hace realidad gracias a un esfuerzo claro que demuestra tu pasión, pero para convivir en Twitch lo primero por hacer es alcanzar las siguientes metas:

- 1- Necesitas que visiten tu canal por primera vez con mayor frecuencia más usuarios.

- 2- En cada transmisión en directo hace falta que los usuarios permanezcan al menos durante 3 minutos.

- 3- La interacción es una regla general, por ello mientras más comentarios en el chat resulta mejor para la imagen del canal.

- 4- Los seguidores son la meta ante todo para ganar popularidad, sin gente no hay atención o finalidad de la transmisión.

- 5- El canal de stream debe estar concurrido con el retorno del usuario.

- 6- Conseguir suscripciones y donaciones.

Por medio de estos importantes puntos u objetivos logras dejar a un lado los errores o distracciones dentro del crecimiento de la cuenta de Twitch, pero todo tiene su tiempo y es necesario crecer con mucha paciencia, por esta razón necesitas conocer un paso a paso para emitir las estrategias necesarias donde el poder surge por medio del perfil.

Crea un canal de Twitch llamativo

Para lograr que un canal de Twitch de verdad alcance el nivel esperado, debes iniciar con una potada que presente buen diseño, esto abarca la realización de una buena foto de perfil, además de realizar todos los ajustes sobre los paneles de información, para describir los juegos o contenido que se va a tratar para exponerlo de gran forma.

La ambientación y el diseño genera un buen impacto para presentar tu cuenta, todo debe estar asociado con el juego o el contenido que se muestra en la transmisión, a esto se suma la información personal del streamer, donde se puede exponer la cuenta de PayPal, mientras que el tema del sistema debe recibir actualizaciones automáticas.

La imagen y el proyecto del canal debe estar clara desde el inicio, mientras se pueda seguir una identidad, junto con una muestra de personalidad divertida, para despertar más motivos a través de los cuales te pueden amar en Twitch, donde se unen dos motivos, saber entretener o la habilidad y conocimiento sobre un tema determinado.

Para que un seguidor pueda permanecer el tiempo suficiente sobre la transmisión hace falta que se puedan despertar las emociones necesarias, porque si no llamas la atención es muy fácil que se retiren del vídeo, por ello la atracción es un punto importante a considerar y que no puede faltar sobre un streaming.

Los factores que se ponen en manifiesto y que le importan a un usuario de Twitch es la imagen del canal, junto con el título de la transmisión, para lograr acaparar un número importante de espectadores, al comprender la relación entre estos tres puntos se define el éxito sobre esta plataforma, para esto surgen estos conceptos:

- Imagen del canal

En Twitch es muy importante considerar la imagen del canal, aunque sobre este punto no se puede realizar alguna clase de manipulación, este tipo de imagen es la que se expone al momento en el que surge la transmisión en directo, pero tienes el control de emitir una gran imagen personal por medio del layout que está sobre el stream.

La diferencia acerca de llamar la atención o no, se encuentra acerca de estos pequeños detalles, ya que sin o con las ayudas adicionales de esta plataforma se obtienen seguidores, pero estos se pueden marchar por completo si no encuentran una impresión ideal, el diseño siempre deja un importante precedente.

- Título del canal

El título del canal es un aspecto de gran valor, porque si no resulta atrevido o contagioso no va a causar un gran efecto sobre la audiencia, además es lo que te hará resaltar, por ello la recomendación es que sea original, muy preciso para que no sea aburrido, luego se encuentra la intención de mantener la expectativa.

El beneficio del canal siempre es importante de emitir a cada usuario, por ello son principios básico que se utilizan dentro de la publicidad, no se trata de consejos nuevos, pero así como resultan muy populares, son esenciales de cumplir, un mínimo descuidos y pierdes impacto por métodos tan accesibles.

- Número de espectadores

El número de espectadores es una estimación, esa prueba sirve para medir el tipo de importancia que está recibiendo el streaming sobre las demás personas, ya que si está en el camino adecuado esto se refleja sobre esa cantidad, y la idea central es que más personas ingresen o quieran seguir el contenido de cerca.

Aunque este tipo resultado depende de forma directa sobre el algoritmo de Twitch, ya que funciona en base a este factor, debido a que se promueven los canales que cuentan con más audiencia, y para todo el que inicia esto representa una gran desventaja, sobre todo porque cada día surgen más canales nuevos.

Corregir ese detalle de contar con espectadores que permanezcan tres minutos sobre la transmisión es un aspecto clave a seguir, ese promedio es determinante para evaluar el valor que causa o emite el canal, aunque en muchos sentidos es positivo contar con una audiencia de menor tamaño por ser más fácil de controlar.

La frecuencia de los usuarios se puede gestionar cuando se trata de una cantidad pequeña de usuarios, porque un principio dentro del marketing es conservar los primeros usuarios, para fidelizar la audiencia que tu cuenta necesita, la intención es que se pueda cuidar a cada usuario para luego pensar en ganar más.

El algoritmo de Twitch que dificulta tu crecimiento

Lo primero a considerar con ese deseo de crecer en Twitch, es que se necesita comprender el funcionamiento del algoritmo, ya que este es el principal causante de que unos canales se observen más arriba que otros, la importancia de la visibilidad se debe a encontrar una mayor visualización con facilidad.

El posicionamiento dentro de Twitch es esencial de dominar, este existe dentro de cada red social, y esta plataforma no es la excepción, pero su punto de diferencia entre una cuenta y otra es la cantidad de viewers, ese es el factor clave a cubrir para estar dentro del top de streaming de una categoría o un videojuego.

Para subir dentro de esta plataforma hace falta contar con un número de espectadores, de lo contrario todo se torna complicado, sin cubrir este aspecto es imposible que nuevos usuarios te encuentren, de lo contrario se bloquea el crecimiento de tu cuenta en Twitch por ello es necesario encargarse de aumentar los espectadores.

Una solución clave es la personalización de tu streaming, esto lo puedes realizar por medio de un marco, widgets, extensiones y alertas, de ese modo se logra emitir una mejor impresión sobre el canal con una emisión profesional para que tu transmisión logre presentar ese tipo de atracción que necesitas.

Debes realizar una métrica post-streaming gracias a que la plataforma muestra importantes datos avanzados, tras ese progreso puedes sacar a la luz el momento a través del cual realizas una mayor conversión en el canal, con ese estudio se puede mejorar tu activad sobre la plataforma para replicar los comportamientos que dan resultados.

Todo sobre los bots de Twitch y sus funciones

En medio del desarrollo de Twitch se han presentado webs y aplicaciones que no posee un fin ilícito, pero si ser un camino mucho más fácil para crecer sobre esta plataforma, en el caso de cuestionarte la función que cumple un bot en Twitch, se tratan de software creado para realizar tareas de forma repetitiva.

La inteligencia de estos complementos representa un gran nivel para sustituir la labor humana sobre la interacción de esta plataforma, pero tradicionalmente han cubierto funciones como es el reconocimiento de voz, esta es una muestra de la gran variedad de bots que existen y cada uno cumple con una finalidad en particular.

En el caso de Twitch se ponen en marcha tres tipos de bots, los principales son: Chats-bots, view-bots, y follow-bots, el primero posee una función que no falla y sirve de gran apoyo para interactuar, los dos siguientes también pero cualquier error o abuso puede originar una expulsión de forma temporal e incluso permanente.

La situación de riesgo anterior se presenta debido a que los Chats-bots se basan en un sistema dotado por medio de inteligencia artificial para ejercer funciones a través de las cuales puedan interactuar con otros miembros del canal y pasar desapercibidos al generar interacción para hacerse conocer. Estos bots son populares dentro de la plataforma, aunque lo vital es que su funcionamiento sea moderado para que en Twitcht no pueda surgir alguna sanción, los beneficios principales del bot sobre el chat y la interacción son los siguientes:

- Ante los usuarios que usen lenguaje ofensivo, se puede poner en marcha una suspensión según el tiempo que determines.
- Puedes crear sorteos y cumplir con cualquier estrategia para que los miembros del chat se animen.
- Desarrolla comando personalizados para los chats.
- Facilita la petición de canciones para mantener un gran nivel de interacción.
- El bot emite una respuesta ante el comando que introduzca algún usuario.

Mientras que los follow-bots y los view-bots se presentan como sistemas para aumentar los números y mejorar la impresión sobre el canal, este tipo de comportamiento va en contra de las normas de Twitch, sobre todo cuando se usan las cuentas falsas como también scripts ilegítimos que se usan de por medio para esta finalidad.

El uso de estos bots se encuentran totalmente prohibidos, las suspensiones giran en torno a uno hasta treinta días, en caso de ser reincidentes el castigo se puede aplicar por un lapso indefinido, por ello hay que tomar precauciones para no perder el canal, por este motivo mientras más conozcas, podrás usarlos a tu favor sin tantos riegos.

Aprende a usar un bot para los chats de Twitch

La función de los chats-bots se encuentra orientada sobre facilitar el trabajo de un moderador para que los streamers estén más cómodos en Twitch, a través del siguiente paso a paso podrás conocer la mejor manera de controlar el chat de tus vídeos:

- 1- Ingresa a Twitch

Cada bot cuenta con ciertas opciones particulares, pero el funcionamiento es el mismo en líneas generales, por ello el primer paso que debes hacer es conectar la cuenta de Twitch junto con el bot.

- 2- Inicia sesión

Al momento de conectar las dos plataformas debes estar en el sitio web oficial del bot, para que luego puedas encontrar el botón de iniciar sesión con Twitch, donde debes introducir tus datos personales hasta completar este paso de iniciar sesión.

- 3- Requisitos finales

Para concluir el proceso solo necesitas seguir unos pasos que son distintos para cada bot, depende del que estés usando, al completar con cada requisito el bot pasa a estar activo en el chat, se trata de un miembro más de la comunidad de Twitch, además puedes tener acceso a la configuración del chat-bot para que cumpla tus necesidades.

Las funciones de los Chatbots

Antes de tomar en cuenta los chatbots es indispensable tener muy claro cada una de las funciones que son capaces de ejercer, al saber usarlos por completo puedes llegar a dominar el chat como tanto deseas, las acciones más destacadas que cubre el bot son las siguientes:

- Contribuyen a moderar al chat por medio de comandos personalizados, de ese modo cada usuario puede tener acceso y ser bien tratado, es un gran apoyo contra los trolls.

- A través de estos moderadores todo tipo de transmisión se torna sencilla y dinámica, aunque no sustituyen las acciones de los moderadores humanos, sino que funcionan como un apoyo.

- Limita a los usuarios que utilicen palabras ofensivas en el chat para que todo se encuentre en orden.

- Permite organizar actividades dinámicas como juegos y sorteos sobre el chat.

- Aplica todos los comandos posibles sobre chat tras la personalización.

- Ofrece una experiencia agradable que pueda aumentar la acción interactiva con la posibilidad de solicitar canciones.

- Brinda respuestas al usuario si publica y activa un comando dentro del chat.

La lista que debes conocer de los mejores chatbot para usar en Twitch

La función de los chats-bots se basan en ser una gran herramienta para que la interacción se pueda desarrollar de forma eficiente, a tal punto de usarse como moderadores humanos, pueden encargarse de avivar el contacto con miles de participantes que se encuentren en el chat, para ello puedes usar los siguientes bots considerados como los mejores:

- **Nightbot**

El diseño de este bot se encuentra dirigido sobre YouTube, esta opción ofrece importantes funciones para lidiar con la moderación del chat en directo de forma eficaz, esta es una manera automática de acercar a la audiencia, ese nivel de interacción aumenta el interés sobre tu canal siendo justo lo que necesitas.

El funcionamiento de este bot brinda un panel de control muy amplio donde puedes personalizar tus objetivos con tranquilidad, de ese modo tendrás todo tipo de información sobre el chat de la comunidad sin problemas, esas opciones de personalización generan registros del chat que son de gran utilidad, sin descargas y con funciones gratuitas.

- **Moobot**

El Moobot es un bot con gran trayectoria sobre Twitch, por este motivo es uno de los más eficientes, esto sucede gracias a que sus acciones se encuentran automatizadas, de ese modo te puedes despreocupar y la interacción pasa a estar garantizado, sobre todo con las características que posee tan resaltantes.

Las funciones adicionales de este bot abarcan la protección ante el SPAM, junto con respuestas atractivas sobre el chat para despertar interés, su trabajo se encuentra personalizado por medio de comandos que cumplen con cada necesidad sobre los espectadores, esto por medio de herramientas avanzadas a tu disposición.

- **StreamElements**

El StreamElements es un programa con alto funcionamiento que se puede agregar al chat en Twitch donde se gestiona y se limpia con facilidad, esto también es compatible con otras plataformas, desde el primer instante que se produce la transmisión, todo queda en manos del bot para atender a cada participante que forma parte del stream.

En medio de las características del bot se encuentran comandos y módulos para librarte de la molestia del SPAM, a esto se suma la integración de un temporizador para penalizar a otros usuarios ante alguna irregularidad, para esto surgen 30 comandos para que el chat cuente con el funcionamiento que esperas.

- **Streamlabs**

Este bot era conocido como Anknbot, se trata de un bot desarrollado e ideal para ser usado en Mixer, YouTube y Twitch, su diferencia con los demás bots se basa en ejercer un sistema de divisas, realización de sorteos, tabla de calificaciones, eventos, apuestas, y toda un diversidad de funciones.

Las herramientas de moderación que brinda este bot son una gran oportunidad, aunque se trata de un sistema gratuito, resulta una alternativa confiable gracias a que incorporar importantes alternativas de entrenamiento, con esta gestión del chat se logra volver al canal más atractivo de lo que esperas.

• Deepbot

Por último se encuentra Deepbot, se postula como un software gratuito dedicado a las donaciones, más allá de su misión por moderar el chat de Twitch, también funciona para otorgar premios a los integrantes de la transmisión, esto se materializa con sorteo, solicitud de canciones, y cualquier clase de dinámica.

Un bot de este tipo posee comandos muy avanzados para gestionar la interacción dentro del canal, con opción amplia a personalizar los comandos de acuerdo a tus necesidades, el sistema se encuentra en la nube por ello es una gran facilidad para no realizar descargas, es un gran medio para que el canal de Twitch funciones de forma correcta.

El hack gratuito para Twitch.tv 2021 que necesitas

Una vez que estas interesado en crecer y obtener el hack para Twitch, no cabe duda que esa motivación se debe a la aspiración de escalar más rápido y sencillo, aunque de primera mano hace falta conocer que no hay algún hack que sea totalmente gratuito, pero hay formas a través de las cuales se puede aumentar la cantidad de viewers sin esfuerzo.

- ### Seguidores gratis a través de Like4like.org

Por medio del sitio web Like4like.org se pueden producir grandes aumentos de seguidores, y lo mejor de todo es que es un paso gratis, donde el principal requisito es seguir de igual manera a otras cuentas o personas, pero esto se puede hacer desde otra cuenta para no emitir una mala impresión y no levantes sospechas.

Este tipo de proceso no es complicado, solo necesitas llevar a cabo los siguientes pasos para añadir tu canal a la lista del sitio web:

1- Debes registrarte en el sitio web Like4like.org

2- Accede a "Ad and manage pages", y luego a "TwitchFollows".

3- Ingresa la URL que proviene de tu perfil de Twitch, e ingresa lo que vas a pagar por cada follow, además se puede ingresar una descripción.

4- Haz clic en "Add URL".

Una vez completados estos pasos es necesario obtener los puntos que vas a intercambiar por los seguidores en Twitch, esto se lleva a cabo tras el siguiente proceso:

1- Ingres a "Social Media Exchange", y posteriormente a "Twitch Followers".

2- Es momento de seguir a los canales de otras personas para obtener los puntos que necesitas.

Al cumplir con estos pasos puedes conseguir los seguidores que necesitas para tu cuenta en Twitch, lo mejor de todo es que son reales y no hay límite para ello, además no incurres en algún riesgo de perder la cuenta, se trata de personas que también buscan hacer crecer su cuenta.

Los mejores hacks pagos para Twitch

Es necesario aclarar que los hacks pagos son mucho más eficientes, porque más allá de seguidores también se puede encontrar la compra de viewers para el momento que realices un streaming, de esa forma un vídeo gana mayor potencial a través de visitas que causan que la cuenta sea mucho más atractiva, debes considerar los siguientes:

- **Twitch bot (barato)**

Por medio de esta web obtienes grandes opciones por un precio económico, donde los packs incluyen servicios de visitas a los vídeos, viewers, seguidores, y también comentarios en el directo.

- **Viewer Labs (caro)**

Este otra sitio web es uno de los mejores bot para adueñarse de Twitch, su ofrecimiento es similar al de Twitch Bot, aunque el funcionamiento es mejor por el realismo que brinda, el detalle se encuentra en contar con un presupuesto que pueda alcanzar, de tener la posibilidad es un bot que cualquiera desearía tener.

La función adicional de este bot, se basa en un servicio que te acerca a los demás servicios, para que puedas probar todo tipo de función por al menos media hora y de forma gratuita, así aseguras que sea una inversión óptima.

¿Pueden banear una cuenta por usar hack o bot?

Esta duda puede frenar la intención de cualquiera de crecer en Twitch usando hacks, pero la respuesta de la misma es un rotundo "depende", la razón de esto la debes conocer para saber lo que haces, en el caso de usar bots si pueden banearte, lo mismo pasa con los hacks de pago, esto sucede porque se trata de la acción de bots.

Pero cuando utilizas medios gratuitos, la cuenta no es baneada, esto se debe gracias a que los seguidores son personas reales, estas son las responsables de obtener seguidores, viewers y comentarios, por ello no son inválidos, esta es una aclaratoria sorprendente porque se piensa que al pagar hay menos riesgos.

Es importante tomar en cuenta que al usar los bots o algunos hacks para crecer en Twitch, puedes llegar a una cifra media y dejarlo por un tiempo hasta que te haga falta, lo esencial es usarlo a favor para ganar interacción, además esto ayuda a protegerse para no despertar sospechas sobre el equipo de seguridad de la plataforma.

Descubre la forma de aumentar y falsificar los números de espectador en Twitch

La popularidad de Twitch se debe en gran medida a las celebridades que se forman al transmitir la forma en la que juegan desde casa, esto no solo crea fama, sino que también puedes ganar millones de dólares por medio de los juegos y ante todo con una personalidad natural para demostrar sus habilidades o novedades.

Todos desean llegar a ese nivel de crecimiento en Twitch, porque construir un nombre sobre esta plataforma puede resultar complicado, pero existe la posibilidad de ganar miles de espectadores sin tanta espera o problema de por medio, se trata de las vistas falsas, estas ayudan a que tu cuenta pueda mejorar para ser atractivo ante las vistas reales.

Sin embargo ante esta opción Twitch posee políticas rudas para tratar el tema de seguidores y también sobre las vistas falsas, por ello si un usuario es atrapado con estas prácticas puedes recibir ciertos correctivos, pero puedes mantener invisibles esos números de las vistas para pasar desapercibido por la seguridad.

Los intentos de piratear esta plataforma cada vez son más frecuentes, por ello debes conocer el software principal o el que mejor ha funcionado para Twitch-viewer, de ese modo se puede asegurar la obtención de números que no sean de gran nivel para no levantar ningún tipo de sospechas.

Conoce el top Twitch Bots

- **Twitch Viewer Bot**

Llegar hasta lo más alto dentro de Twitch conlleva de esfuerzos y ayudas adicionales, por ello el uso de Twitch Viewer Bot es un servicio muy útil que presenta funciones indetectables para cumplir con el propósito de obtener con mayor cantidad de espectadores que son tan necesarios para lograr tener éxito dentro de esta plataforma.

A través de este bot de espectadores tienes la facilidad de seleccionar la cantidad de espectadores que buscas obtener, además puedes contar con activar el chat para que logres emitir una imagen real del canal, para esto el chatbot es ideal porque se encarga de escribir mensajes junto con comentarios como parte de esa interacción necesaria.

Este tipo de ayuda causa la impresión que se trata de personas reales, sobre todo cuando te permite ajustar la frecuencia de los mensajes, todo el funcionamiento luce auténtico, por ello es una gran herramienta para añadir hasta miles de seguidores sobre el canal en pocos minutos.

Al llegar a una gran cantidad de espectadores y seguidores alcanzas un alto nivel de popularidad en Twitch, sobre todo porque el bot actúa como un complemento anónimo que es pasado por alto sobre esta plataforma, se considera una forma segura para disponer con espectadores falsos donde la información está protegida por parte de proxies.

No existe restricción alguna para utilizarlo, esto te permite que lo puedas usar a tu beneficio, este servicio se encuentra disponible bajo cuatro modalidades distintas, donde se ofrece un número puntual de seguidores, espectadores y también usuarios de chat, el bronce vale $10 y es el más barato, con 1000 seguidores, 75 espectadores y 50 en el chat.

- **Streambot**

Este otro bot cuenta con un importante efecto sobre Twitch, se utiliza con facilidad para alcanzar los números mínimos que necesitas para empezar a generar dinero sobre esta plataforma, todo gracias a que cuentan con una base de datos importante de espectadores, este sitio web dispone de 2 millones de usuarios y 15 millones de espectadores diarios.

Un servicio como este bot es un impulso para llegar a la cima muy pronto, de ese modo un canal se puede amplificar y cambiar con sus funciones en tan solo dos días, además de

contar con la libertad de personalizar el número de espectadores que deseas y el origen, junto con la frecuencia de los
mensajes que se emiten en el chat.

Otros títulos de Red Influencer

Secretos para Influencers: Growth Hacks para Instagram y Youtube

Secretos Prácticos para Ganar Suscriptores en Youtube e Instagram, Crear Engagement y Multiplicar el Alcance

¿Estas empezando a monetizar en Instagram o Youtube?

En este libro encontrarás Hacks para aumentar tu alcance. Secretos para Influencers directos y claros como por ejemplo:

Automatizar publicaciones de Instagram
Como generar tráfico en Instagram, trucos de 2020
Algoritmo de Instagram 2020, aprende todo lo que necesitas saber
Instagram tips para mejorar la interacción de nuestros followers
18 Formas para ganar seguidores en Instagram gratis
Aprende con nosotros cómo monetizar tu perfil de Instagram
Webs Clave para conseguir de seguidores en Instagram Rápidamente
Tendencias Instagram 2020
Guía 2020: Cómo ser youtuber
Cómo ser Youtuber Gamer
Hacks de 2020 para tener mas suscriptores en YouTube
Hacks para posicionar tus vídeos de YouTube en 2020
Hack para Youtube, Cambiar Botón de Pausa por el de Suscripción

Un libro que con que verás tanto los aspectos generales como lo que se necesita para lograr vivir de la profesión de influencer.

Tratamos sin tapujos temas como la compra de seguidores, y hacks para mejorar la interacción. Unas estrategias BlackHat a tu alcance, que la mayoría de agencias o Influencers no se atreven a reconocer.

En Red Influencer llevamos más de 5 años asesorando a MicroInfluencers como tú a crear su estrategia de contenidos, a mejorar su alcance e impacto en redes.

Si quieres ser un influencer, este libro es imprescindible. Ya que tendrás que desarrollar conocimientos sobre las plataformas, las estrategias, las audiencias y el modo de llegar a un máximo de visibilidad, y así monetizar tu actividad.

Tenemos experiencia con Influencers de todas las edades y temáticas, y tú también puedes serlo.

Consigue este libro y empieza a aplicar los secretos profesionales para Ganar Seguidores y Ser Influencer.

Se trata de una guía práctica de un nivel medio y avanzado para Influencers iniciados, que no ven los resultados esperados o que se encuentran estancados.

Y es que la estrategia y el engagment son factores tan importantes como el volumen de suscriptores, pero existen Hacks para potenciarlos, en en esta guía encontrarás muchos de ellos.

No importa si quieres Ser Youtuber, Instagrammer o Tuitero, con estas estrategias y claves podrás aplicarlas a tus redes sociales.

Sabemos que ser Influencer no es fácil y no vendemos humo como otros, todo lo que encontrarás en este libro es la síntesis de muchos casos de éxito que han pasado por nuestra agencia.

El Marketing de Influencers ha llegado para quedarse digan lo que diga. Y cada vez son más los embajadores de las marcas. Personas que como tú, empezaron a trabajar su marca personal y a orientarse a un nicho específico.

¡Desgranamos al detalle todos los secretos del sector que mueve millones!

Podrás aplicar nuestros tips y hacks a tus estrategias en Redes Sociales para aumentar el CTR, mejorar la fidelización y disponer de una estrategia sólida de contenidos a medio y largo plazo.

Si otros han podido llegar a monetizar con constancia, dedicación y originalidad, ¡Tu también puedes!

En nuestra plataforma redinfluencer.com contamos con miles de usuarios registrados. Un canal de contacto a través del cuál podrás ofrecer tus servicios en un markeplace de reviews para marcas, y al que llegarán ofertas a tu correo de forma periódica.